DEBUT D'UNE SERIE DE DOCUMENTS
EN COULEUR

TABLEAUX

PROVENANT DE LA GALERIE

DU CARDINAL FESCH

ET COMPOSANT CELLE DE

M. MORET

————

Me CHARLES PILLET, Commissaire-Priseur.
M. FEBVRE, Expert.

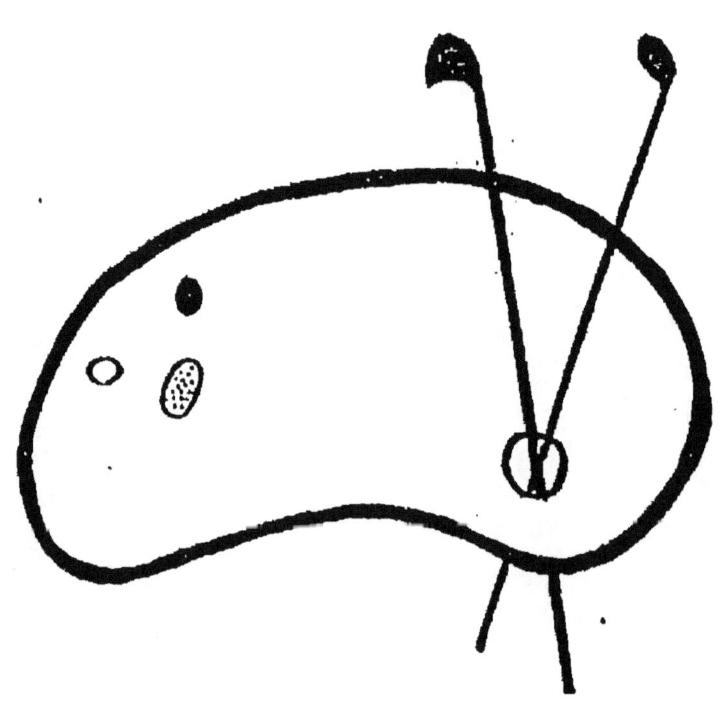

CATALOGUE

DE

TABLEAUX

ANCIENS

PROVENANT DE LA GALERIE

DU CARDINAL FESCH

ET COMPOSANT CELLE DE

M. MORET

DONT LA VENTE AUX ENCHÈRES PUBLIQUES AURA LIEU

HOTEL DES COMMISSAIRES-PRISEURS

Salle n° 5.

Le Jeudi 12 Février 1857, à 2 heures.

Par le ministère de Me **CHARLES PILLET**, Commissaire-Priseur,
St de M. Bonnefons de Lavialle, rue de Choiseul, 11,

Assisté de M. **FEBVRE**, Expert, rue de Choiseul, 13.

Chez lesquels se distribue le présent Catalogue,

EXPOSITION PARTICULIÈRE, le Mardi 10,
EXPOSITION PUBLIQUE, le Mercredi 11 Février, de midi à 5 heures.

PARIS

MAULDE ET RENOU

IMPRIMEURS DE LA COMPAGNIE DES COMMISSAIRES-PRISEURS
rue de Rivoli, 144.

1857.

CONDITIONS DE LA VENTE

Elle sera faite au comptant.

Les acquéreurs payeront en sus des adjudications, cinq pour 100, applicables aux frais.

LE CATALOGUE SE DISTRIBUE :

A Paris......	Chez MM. PILLET, commiss.-priseur, rue de Choiseul, 11
	A. FEBVRE, Expert, rue de Choiseul, 13.
Lille....... ..	TENCÉ.
Londres .	FARRER, New-Bond, 106.
	COLNAGHI, marchand d'estampes.
Bruxelles.	HENIS et LENOY, Experts du Musée.
	SLAR, longue rue Neuve.
Berlin ...	LEPKE.
Amsterdam.	BRONGHEEST, Heeren Graght, 30.
	DEVRIES JUNIOR, princess Graght.
La Haye...	ENTHOVEN.
Rotterdam.	LAMME, artiste peintre.
Cologne...	BOURGEOIS, marchand de tableaux.

Bien que l'année ait été féconde en ventes de tableaux, chacune d'elles présentait, il faut l'avouer, un caractère distinctif et un goût particulier; mais aucune, cependant, ne peut être comparée à celle-ci, qu'on a bien voulu confier à nos soins.

A la vue d'œuvres aussi capitales que celles qui la composent, on est pénétré d'un sentiment d'admiration; l'âme s'élève à la hauteur de ces maîtres de l'art, qui interprétèrent la nature dans son côté le plus majestueux et le plus pittoresque, en grands poëtes et en historiens distingués.

C'est à l'époque où la célèbre Galerie Fesch fut livrée aux enchères, où chacun se disputait à prix d'or les illustres hôtes du palais Pitti, c'est à cette vente mémorable enfin que fut acquise la presque totalité des tableaux de notre Collection, Collection bien connue, du reste, des amateurs et des étrangers auxquels son propriétaire actuel, artiste lui-même et homme de goût, en a toujours fait les honneurs avec une parfaite courtoisie.

Dans cet ensemble, les maîtres de toutes les écoles semblent se disputer le premier rang. Les Hollandais et les Flamands, plus nombreux que les autres, nous offrent les échantillons de leurs maîtres les plus distingués. Remarquons d'abord la Résurrection du Christ, par Van Dyck, œuvre sublime, esquisse fougueuse qui, à la première vue, commande l'admiration, et par l'ordonnance de sa composition, s'élève à la hauteur des premiers maîtres italiens. Vient ensuite ce petit nid d'oiseau, ces pêches aux robes carminées, et ce ravissant bouquet de fleurs luttant ensemble d'éclat et de beauté, attirant, par leurs doux parfums, tout un monde d'insectes et de papillons aux ailes chatoyantes. De ce foyer embaumé, création de l'inimitable Van Huyssum, nous passons aux sérieuses compositions de Jacques Ruysdaël; quel contraste entre sa plage, si fraîche, de Scheveningen, et son paysage, si vrai et si savamment interprété, dont l'aspect mystérieux dispose à une douce rêverie! Nous remarquons ensuite l'Amateur dans son cabinet, par Gaspard Netscher. Voyez ce jeune homme au regard fin, au visage réfléchi, admirant sans doute une épreuve affectionnée de son livre d'estampes; c'est assurément un homme de bonne compagnie; tout ce qui l'entoure annonce l'opulence et un goût exquis : quelle vérité dans les accessoires, dans ce tapis d'Orient, surtout, aux points veloutés placés là par le maître, comme une élégante signature!

Maintenant, quittons ce cabinet pour nous rendre à une soirée chez David Téniers. C'est une réunion d'artistes, une réunion d'amis, où chacun est à son aise, cause ou joue à son gré. Cette production, la seule connue en ce genre, offre l'heureux contraste de trois lumières produisant chacune son effet piquant. Elle a fait partie de la collection de l'Électeur de Hesse Cassel. — De Téniers passons à Ostade : quel charmant désordre! ou plutôt quel admirable arrangement! La pointe de l'artiste qui a si spirituellement rendu cette composition nous dispense d'en faire une description plus étendue. — Les peintres des Pays-Bas nous offrent encore d'autres noms illustres et d'autres œuvres à enregistrer ; nous craignons cependant de nous étendre : néanmoins, on ne saurait rester froid devant les splendides paysages de Pynacker, d'Asselin, d'Hakkert, la Mascarade de Lingelbach, le Combat acharné de Hugtenburg, le Concert pastoral du consciencieux Mieris, la Bacchanale de Lairesse, et les pages moins capitales, mais toujours intéressantes, des autres artistes.

L'école italienne apparaît à son tour, comme une reine sur son trône, entourée par une cour brillante. Bernardino Luini préside cette solennité avec son Hérodiade recevant la tête de saint Jean. A la vue du terrible sacrifice, Hérodiade reste impassible, ses traits révèlent à peine la joie de son sanglant triomphe ; la tête du saint est empreinte du sentiment le plus noble et le plus élevé ; sa bouche entr'ouverte semble respirer encore, et cependant la mort a déjà décoloré sa belle tête, restée calme et pure, comme son âme. — Ce tableau, qui fut longtemps attribué à Léonard de Vinci, faisait partie de la galerie du Palais-Royal.

Jetons un rapide coup d'œil sur le saint Charles Borromée, de Cavedone, peinture large, composition magnifique rappelant les Carrache ; sur une Sainte Famille fuyant en Égypte et un Baptême de saint Jean, d'Albani, qui rivalisent tous deux de grâce et d'arrangement ; à côté, nous trouvons une naïve Sainte Famille, de Raffaello del Garbo ; un Évanouissement de la Vierge, de Laurenzo Costa, et des productions si religieuses de Gaudenzio Ferrari, Laurenzo Lotto, Perino del Vaga, Feti, Robusti, Tassy et Bassano.

L'école française tient dignement son rang au milieu de ces sommités artistiques. Quel est, en effet, le paysagiste comparable à notre Claude Lorrain? à ce maître puissant, disposant à son gré des effets merveilleux du soleil, qu'il fait paraître et disparaître derrière les arbres touffus ou les montagnes escarpées, à travers la colonnade d'un temple antique, et sur les eaux agitées par les troupeaux que conduit un pâtre, seul bruit qui trouble ces silencieuses campagnes? Ce chef-d'œuvre est de noble origine, fait pour le conseiller Gaspard Piapier, de Ratisbonne; il passa, de là, dans la collection John Bernard, de Londres, a été gravé par Vivarès, et figure dans l'*OEuvre de Vérité*, sous le n° 176.

Il nous reste encore à rendre hommage aux deux productions de Lesueur : d'abord, la Religion touchant de sa croix les enfants morts sans baptême. Une âme pieuse a seule pu comprendre ce que cette idée renferme de sublime et de divin ; puis une Diane chasseresse entourée de ses nymphes et s'apprêtant à lancer un trait sur un cerf aux abois, œuvre distinguée, décente et pudique dans sa nudité.

Nous trouvons ensuite Jupiter séduisant Calisto, œuvre de Poussin, empreinte d'une grâce toute française, bien que d'une sévérité de lignes tout italienne. Les noms de Ph. de Champaigne, Greuze, Lenain, Parrocel et Santerre terminent cette étonnante série, sur laquelle nous pourrions, au besoin, écrire un volume.

Nous terminons en déclarant hautement, à notre grande satisfaction, que nous pouvons attester la véracité des noms ; c'est une précieuse garantie que nous offrons aux acquéreurs.

A. FEBVRE.

DÉSIGNATION

DES TABLEAUX

ÉCOLES HOLLANDAISE, FLAMANDE ET ALLEMANDE.

ASSELYN (Jan).

1 — Les Thermes de Mécène à Tivoli.

Au pied des ruines sont de nombreux troupeaux, près de là, des pâtres dansent aux sons de la flûte.

Galerie Fesch.

Toile. — Hauteur, 138 c. Largeur, 192 c.

BARHUYSEN (Ludolff).

2 —

Vaste étendue de mer dont les flots agités balancent avec force plusieurs navires se dirigeant sur divers points : au centre, un trois mâts, qui a cargué ses voiles, lutte avec peine contre la tempête ; le soleil perçant les nuages semble annoncer la fin de l'ouragan.

Galerie Fesch.

Toile. — Hauteur, 104 c. Largeur, 128 c

DOES (Jacques van der).

3 — Moutons au pâturage gardés par des villageois.

Toile. — Hauteur, 143 c. Largeur, 130 c.

DYCK (Antoine van).

4 — Résurrection du Christ.

Le Seigneur s'élève vers le ciel portant l'étendard de la foi ; les rayons lumineux qui l'entourent éblouissent les soldats à demi endormis qui gardaient son sépulcre.

Galerie Fesch.

Toile. — Hauteur, 115 c. Largeur, 95 c.

HAKKERT (Jean).

5 — Paysage.

Au premier plan, de grands arbres bordent une rivière qui s'étend jusqu'à l'entrée d'un bois et dont les eaux réfléchissent les vapeurs dorées d'un soleil couchant ; à droite, des voyageurs dus au pinceau d'Adrien Van de Velde, suivent une route qui conduit à une campagne montueuse.

Galerie Fesch.

Toile. — Hauteur, 60 c. 1/2. Largeur, 67 c.

HEMSEN ou HEMESSEN (Jean van).

6 — La Vierge et Jésus.

Assise au pied d'un arbre, la Vierge tient dans ses bras son fils bien aimé. Le fond est occupé par un vaste paysage boisé et par des collines ; à gauche s'élèvent les débris d'une tour antique.

Galerie Fesch.

Bois. — Hauteur, 111 c. Largeur, 107 c.

HEUSCH (GUILLAUME DE).

7 — Paysage, site d'Italie.

A droite, des fabriques dominent un coteau, et à gauche, des pâtres amènent leurs bestiaux à une rivière.

Galerie Fesch.

Bois. — Hauteur, 33 c. Largeur, 40 c.

HUGTENBURCH (JOHAN VAN).

8 — Bataille entre deux corps de cavalerie.

La mêlée est complète; la fumée enveloppe une partie des combattants; les blessés et les chevaux jonchent le champ de bataille. Au milieu de ce carnage, un chef donne des ordres aux officiers de sa suite.

Cette scène se passe à l'entrée d'une ville forte, dans la rade, est un vaisseau lâchant ses bordées.

Galerie Fesch.

Toile. — Hauteur, 67 c. Largeur, 103 c.

HUYSUM (JEAN VAN).

9 — Fleurs et Fruits.

Des roses, des œillets, des tulipes, des jacinthes, des sauges et d'autres fleurs aux tons variés se groupent avec élégance au-dessus d'un vase contenant leurs tiges légères; des papillons, des insectes et des mouches aux ailes irisées butinent ou voltigent autour de ce bouquet parfumé. Près du vase est un nid d'oiseaux contenant quelques œufs, des grappes de raisins et de belles pêches aux robes veloutées.

Galerie Fesch.

Bois. — Hauteur, 90 c. Largeur, 69 c.

LAIRESSE (Gérard de).

10 — Bacchanale.

Des amours et des nymphes dansent et jouent de plusieurs instruments, et célèbrent une fête en l'honneur de
Flore.

Gravé dans l'œuvre de la galerie Lebrun.

Galerie Fesch.

Toile. — Hauteur, 147 c. Largeur, 195 c.

LEEUW (Van der).

11 — Paysage.

Au pied d'un arbre est un pâtre endormi; près de lui sont
des animaux au repos.

Galerie Fesch.

Toile. — Hauteur, 32 c. Largeur, 41 c.

LELY (Le Chevalier).

12 — Portrait d'une femme de qualité.

Vue à mi-corps, portant une robe brune; une colerette
à larges plis encadre son visage qui se détache sur une
draperie rouge suspendue derrière elle.

Toile ovale. — Hauteur, 120 c. Largeur, 90 c.

LINGELBACH (Jean).

13 — Comédiens ambulants.

Près du temple de la Concorde et de la statue d'Hercule,
des comédiens ambulants ont établi leur théâtre, autour
duquel sont rassemblés des gens de toutes conditions mêlés
à une mascarade grotesque.

Dans le fond, on aperçoit le port et le fort Saint-Ange; à
gauche, des muletiers gravissent une montagne.

Galerie Fesch.

Toile. — Hauteur, 83 c. Largeur, 105 c.

MABUSE (Jean de).

14 — La sainte Cène.

Galerie Fesch.

Bois. — Hauteur, 56 c. Largeur, 83 c.

MIERIS (Guillaume).

15 — Le Concert champêtre.

Au milieu d'un charmant paysage un jeune berger assis sur un tertre, tient une flûte et adresse des propos galants à une jeune femme assise près de lui, jouant de la mandoline.

Galerie Fesch.

Bois. — Hauteur, 32 c. Largeur, 44 c.

NEEFS (Peters).

16 — Intérieur d'église.

La vue principale est la nef qui s'étend jusqu'au maître-autel; à plusieurs colonnes sont appendus des tableaux.

A gauche est une chapelle, d'où sortent un grand seigneur et sa suite, précédé de ses pages portant des flambeaux; il se dirige vers une des portes entr'ouvertes donnant sur la campagne.

Galerie Fesch.

Bois. — Hauteur, 49 c. Largeur, 64 c.

NETSCHER (Gaspard).

17 — L'Amateur dans son cabinet.

Ce personnage porte une perruque blonde et est vêtu d'une ample robe de-chambre, il est assis devant une table couverte d'un tapis d'Orient et consulte un livre illustré; à sa droite et près d'une bibliothèque un buste et une statue antiques.

Galerie Fesch.

Toile. — Hauteur, 55 c. Largeur, 45 c.

OSTADE (Adrien van).

18 — L'Atelier d'Ostade.

Il n'est pas un amateur qui ne connaisse ou ne possède la ravissante eau-forte due à la pointe spirituelle de cet habile artiste, et dans laquelle il s'est représenté dans son atelier, assis devant son chevalet, terminant un de ses chefs-d'œuvre.

Autour de lui, et dans un désordre pittoresque, se groupent des meubles et des accessoires d'atelier, harmonieusement éclairés par les doux rayons d'un soleil pénétrant sobrement par une vitre en losange. Sous la cage d'un escalier en colimaçon, deux enfants broient des couleurs.

Bois. — Hauteur, 17 c. 1/2. Largeur, 21 c. 1/2.

OSTADE (Isaac van).

19 — Trois villageois attablés dans une chambre basse.

Bois. — Hauteur, 25 c. Largeur, 35 c.

PYNACKER (Adam).

20 — Paysage.

Le soleil répand sa vive lumière dans un magnifique paysage. A gauche est une colline couronnée d'arbres aux troncs blanchâtres. Au pied de la colline un ravin reçoit les eaux d'un petit torrent qui coule avec rapidité et alimente une riche végétation. De l'autre côté de la colline et près d'un petit bois, un berger conduit son troupeau. Dans le fond des montagnes vaporeuses.

Galerie Fesch.

Toile — Hauteur, 58 c. Largeur, 45 c.

ROGER DE BRUGES.

21 — Ensevelissement du Christ.

La Vierge, saint Jean, Joseph d'Arimathie, Nicomède et les saintes Femmes rendent les derniers devoirs au corps inanimé du Rédempteur.

Bois. — Hauteur, 92 c. Largeur, 95 c.

ROGMAN (ROLAND), signé.

22 — Site norvégien.

Du haut d'un monticule boisé, qui s'élève sur la droite, une cascade tombe sur des rochers et se perd à la gauche du spectateur. Des voyageurs et des bergers gardant leurs troupeaux animent cette production, qui rappelle en tout le faire d'Éverdingen.

Galerie Fesch.

Toile. — Hauteur, 115 c. Largeur, 176 c.

RUYSDAEL (JACQUES).

23 — Paysage.

Le ciel, chargé de nuages, menace le sol encore humide des pluies de la veille. A gauche est un coteau dominé par des habitations entourées d'arbres touffus. Au centre coule une rivière dont les eaux rapides se perdent au premier plan ; une plaine occupe le fond et s'étend à l'horizon. A droite un grand arbre dessine sur le ciel sa silhouette vigoureuse. Quelques pâtres, gardant leurs troupeaux, se reposent dans cette paisible campagne.

Galerie Fesch.

Toile. — Hauteur, 93 c. Largeur, 143 c.

DU MÊME.

24 — La plage de Scheveningen.

La mer, en se retirant, a laissé à découvert son tapis de sable sur lequel se promènent des gens de qualité et des pêcheurs. Quelques bateaux sont à sec. A droite s'élèvent des falaises ; le ciel est chargé de nuages argentés, poussés par un vent frais.

Toile. — Hauteur, 54 c. Largeur, 76 c.

SCHOREL (JEAN).

25 — Évanouissement de la Vierge.

Saint Jean soutient la Vierge évanouie. Les saintes Femmes

sont en prière et en proie à la plus vive douleur; leurs regards, élevés vers le ciel, invoquent la bonté divine.

Galerie Fesch.

Toile. — Hauteur, 110 c. Largeur, 125 c.

TÉNIERS (David), le Fils.

26 — Une soirée chez Téniers.

Dans un salon et autour d'une table des jeunes femmes et des cavaliers jouent aux cartes; une bougie répand sa vive lumière sur leurs visages. A gauche un valet entre portant un flambeau; un autre, près de la table, présente des rafraîchissements. Adossé à une vaste cheminée, qui occupe la droite de la composition, Téniers s'est représenté causant galamment avec une jeune dame à blonde chevelure.

Galerie électorale de Hesse-Cassel, où il figurait sous le n° 151.

Cuivre. — Hauteur, 50 c. Largeur, 66 c.

TILBORGH (Giles van).

27 — Le Jour des Rois.

Au moment où le roi boit les visages s'animent, chacun crie à tue tête, un personnage grotesque monté sur un escabeau accompagne les braillards en râclant sur un violon burlesque.

Composition de 17 figures (Gravée).

Toile. — Hauteur, 70 c. Largeur, 101 c.

TOL (Dominique van).

28 — Tisserand, à une fenêtre, mangeant un hareng.

Bois. — Hauteur, 30 c. Largeur, 28 c.

VOS (Martin de).

29 — Marchand de gibier.

Deux personnages sont assis chez le marchand devant une table chargée de gibier et de légumes; les figures, vues à mi-corps, sont de grandeur naturelle.

Toile. — Hauteur, 143 c. Largeur, 210 c.

ÉCOLE ITALIENNE.

ALBANI (Francesco).

30 — Baptême de Jésus.

Sur les bords du Jourdain, saint Jean verse sur la tête de Jésus l'eau régénératrice; une multitude de personnages et des anges à genoux assistent à cette cérémonie. Dieu le Père et le Saint-Esprit apparaissent dans le ciel et sanctifient le sacrement par leur présence. Des chérubins dans les airs chantent les louanges de Dieu.

Galerie Fesch.

Toile. — Hauteur, 136 c. Largeur, 181 c.

DU MÊME.

31 — Fuite en Égypte.

A l'ombre d'un arbre, la bienheureuse Marie est assise soutenant son fils bien-aimé; près d'elle saint Joseph consulte un livre ouvert, et des anges voltigent au-dessus du groupe sacré. A gauche, un ange fait boire à un ruisseau l'âne qui doit porter le Sauveur et sa mère.

Galerie Fesch.

Toile. — Hauteur, 79 c. Largeur, 98 c.

CAVEDONE (Jacopo).

32 — Adoration de la Vierge.

Assise sur un trône, la Vierge présente Jésus à saint Charles Borromée prosterné devant elle; derrière le Saint, un jeune diacre porte une croix. Sur une des marches, saint François stigmatisé est en extase.

Toile. — Hauteur, 214 c. Largeur, 381 c.

CALLIARI (Paolo), dit le Véronèse.

33 — Deux saintes femmes prosternées devant la
Vierge.

Galerie Fesch.

Toile. — Hauteur, 81 c. Largeur, 64 1/2.

COSTA (Lorenzo).

34 — Jésus expirant.

A la vue de son fils expirant sur la croix, la Vierge, suc-
combant à sa douleur, s'évanouit entre les bras des saintes
Femmes.

Traité dans la manière de Perrugin.

Bois. — Hauteur, 59 c. Largeur, 41 c.

DOLCI (Agnès).

35 — Sainte Agnès.

Sainte Agnès, la tête couverte d'un voile blanc et couronnée de fleurs, tient entre ses bras l'agneau pascal. Dans
sa main droite est la palme des martyrs.

Galerie Fesch.

Toile — Hauteur, 214 c. Largeur, 38 c.

FETI (Dominique).

36 — La Madeleine.

La Madeleine, les cheveux épars, les mains jointes, lève
ses regards vers le ciel et implore le pardon de ses fautes.

Galerie Fesch.

Toile. — Hauteur, 160 c. Largeur, 124 c.

GARBO RAFFAELLO (Del).

37 — Sainte Famille.

La Vierge et saint Joseph en adoration devant Jésus nou-
veau-né.

Galerie Fesch.

Bois. — Hauteur, 71 c. (Forme ronde).

GAUDENZIO (FERRARI).

38 — Saint Pierre marchant sur les eaux.

Saint Pierre, ayant quitté la barque qui porte encore André, Jacques et Jean, marche sur les eaux à la rencontre de son divin maître qui l'appelle et l'attend sur le rivage.

Galerie Fesch.

Bois. — Hauteur, 121 c. Largeur, 81 c.

LOTTO (LAURENZO).

39 — Saint Jérôme.

Dans un paysage agreste et au fond d'une grotte, saint Jérôme en prière tient à la main un crucifix; près de lui est un livre ouvert.

Galerie Fesch.

Bois. — Hauteur, 48 c. Largeur, 40 c.

PERINO (DEL VAGA).

40 — La Vierge et Jésus.

Assise entre sainte Catherine et sainte Marguerite, la Vierge tient son divin fils entre ses bras.

Bois. — Hauteur, 87 c. Largeur, 31 c. 1/2.

PONTE (JACOPO DA), dit le Bassan.

41 — Sainte Famille.

Jésus assis sur les genoux de sa mère, bénit le petit saint Jean. Saint-Joseph est debout derrière Marie; près de lui est le prophète Élie et un autre saint.

Galerie Fesch.

Toile. — Hauteur, 27 c. 1/2. Largeur, 31 c.

LUINI (BERNARDINO).

42 — Hérodiade recevant la tête de saint Jean.

Le bourreau tient la tête du Saint qu'il dépose dans une coupe d'albâtre oriental placée sur une console couverte d'un tapis et dont les pieds sont formés par des sphinx.

Un personnage regarde cette triste scène. Les figures sont de grandeur naturelle; les regards du bourreau sont tournés vers Hérodiade dont les traits sont empreints d'une froide barbarie.

(Gravé.)

Galerie du duc d'Orléans.

Bois. — Hauteur, 131 c. Largeur, 85 c.

ROBUSTI (JACOPO).

43 — La reine de Sabba chez le roi Salomon. Composition capitale.

Galerie Fesch.

Toile. — Hauteur, 148 c. Largeur, 240 c.

TASSY.

44 — Paysage.

La Sainte Famille fuit en Egypte et traverse un paysage composé dans la manière de Claude Lorrain. Figures de Philippe Lauri.

Galerie Fesch.

Toile. — Hauteur, 38 c. Largeur, 45 c.

TURCHI (ALESSANDRO, dit Alexandre Véronèse).

45 — La Vierge et saint François contemplent Jésus, sur la tête duquel des chérubins répandent des fleurs.

Galerie Fesch.

Ardoise. — Hauteur, 20 c. Largeur, 13 c.

ANCIENNE ÉCOLE DE SIENNE.

46 — La mort de la Vierge. Composition capitale.

Galerie Fesch.
Bois. — Hauteur, 38 c. Largeur, 30 c.

ÉCOLE FRANÇAISE.

BOURDON (SÉBASTIEN).

47 — Mort de Didon, reine de Carthage.

Galerie Fesch.
Toile. — Hauteur, 50 c. Largeur, 42 c.

DU MÊME.

48 — Jacob, aveugle et courbé sous le poids des ans, se
rend en Égypte.

Ce patriarche est entouré de sa famille et précédé de ses
serviteurs, qui conduisent ses troupeaux et emportent ses
richesses.

Galerie Fesch.
Toile. — Hauteur, 107 c. Largeur, 140.

CHAMPAIGNE (PHILIPPE DE).

49 — Adam et Ève pleurant la mort d'Abel.

Galerie Fesch.
Toile. — Hauteur, 132 c. Largeur, 174 c.

DAVID (LOUIS).

50 — Saint Jérôme, occupé à écrire l'Histoire-Sainte,
suspend son travail pour résumer une nouvelle
inspiration

(Envoi de Rome.)
Galerie Fesch.

Toile. — Hauteur, 176 c. Largeur, 128 c.

LEFEVRE (CLAUDE).

51 — Portrait d'homme.

Toile. — Hauteur, 113 c. Largeur, 90 c.

GELÉE (CLAUDE, dit le Lorrain).

52 — Paysage.

Le soleil, en quittant la terre, enveloppe de sa vapeur dorée une belle et silencieuse campagne où s'élèvent les restes d'une colonnade antique et la cime arrondie d'arbres touffus, projetant au loin leurs ombres transparentes ; un troupeau, gardé par un pâtre, passe à gué une petite rivière qui coule au centre de cette composition.

(Gravé dans l'œuvre de la Vérité, pl. 176.)

Provient de la collection du chevalier John Bernard, de Londres.

Toile. — Hauteur, 80 c. Largeur, 108 c.

GREUZE (JEAN-BAPTISTE).

53 — Portrait de la sœur de l'artiste représentée sous un costume de fantaisie.

Galerie Fesch.

Toile. — Hauteur, 48 c. Largeur, 40 c.

LENAIN (ANTOINE).

54 — Le mangeur d'huîtres.

Devant une table couverte d'un tapis et d'une nappe, et sur laquelle sont des huîtres dans un plat d'argent, des raves, du pain et d'autres accessoires, un jeune garçon, à figure réjouie, tient d'une main une huître ouverte, et de l'autre un morceau de pain.

Galerie Fesch.

Toile. — Hauteur, 110 c. Largeur, 90 c.

LESUEUR (Eustache).

55 — La Religion.

Agenouillée près de deux enfants, morts sans baptême, la Religion les touche de sa croix pour les purifier du péché originel; ses regards élevés vers le ciel implorent la miséricorde divine.

Galerie Fesch.

Toile. — Hauteur, 120 c. Largeur, 99 c.

DU MÊME.

56 — Une chasse de Diane.

Près de l'entrée d'une forêt, la déesse, suivie d'une partie de ses nymphes et d'une meute nombreuse, lance un trait sur un cerf aux abois qui s'est jeté dans un étang. Sur la rive opposée, d'autres nymphes tendent leurs arcs et s'apprêtent à frapper aussi la victime.

Galerie Fesch.

Toile. — Hauteur, 165 c. Largeur, 187 c.

MILLÉ (Francisque).

57 — Paysage, site italien.

Sur le devant, de grands arbres élèvent leurs rameaux touffus et bordent un chemin rocailleux, sur lequel est une femme portant une corbeille de fleurs; plus loin des pâtres gardent leurs bestiaux. Au delà d'un lac qui est au centre, la vue se porte vers des montagnes azurées qui bornent l'horizon.

Galerie Fesch.

Toile. — Hauteur, 65 c. Largeur, 85 c.

PARROCEL (Joseph).

58 — Marche d'un corps d'armée.

Un commandant monté sur un cheval blanc chevauche sur le premier plan; plus loin sont les officiers de sa suite.

Galerie Fesch.

Toile. — Hauteur, 131 c. Largeur, 112 c.

POUSSIN (Nicolas).

59 — Jupiter, sous la figure de Diane, séduit la nymphe
Calisto.

Autour d'eux et au-dessus de leurs têtes sont des
Amours qui répandent des fleurs ou décochent des flèches
sur le groupe amoureux.

Cette scène se passe au milieu d'un riant paysage. Dans
le fond, Junon outragée change Calisto en ourse.

(Gravé par Daulé.)

Toile. — Hauteur, 137 c. Largeur, 180 c.

SANTERRE (Jean-Baptiste).

60 — La Vierge et Jésus.
(Gravé par Tardieu.)

Galerie Fesch.

Toile. — Hauteur, 115 c. Largeur, 95 c.

MAULDE ET RENOU, IMPRIMEURS DE LA COMPAGNIE DES COMMISSAIRES-PRISEURS,
RUE DE RIVOLI, 144.

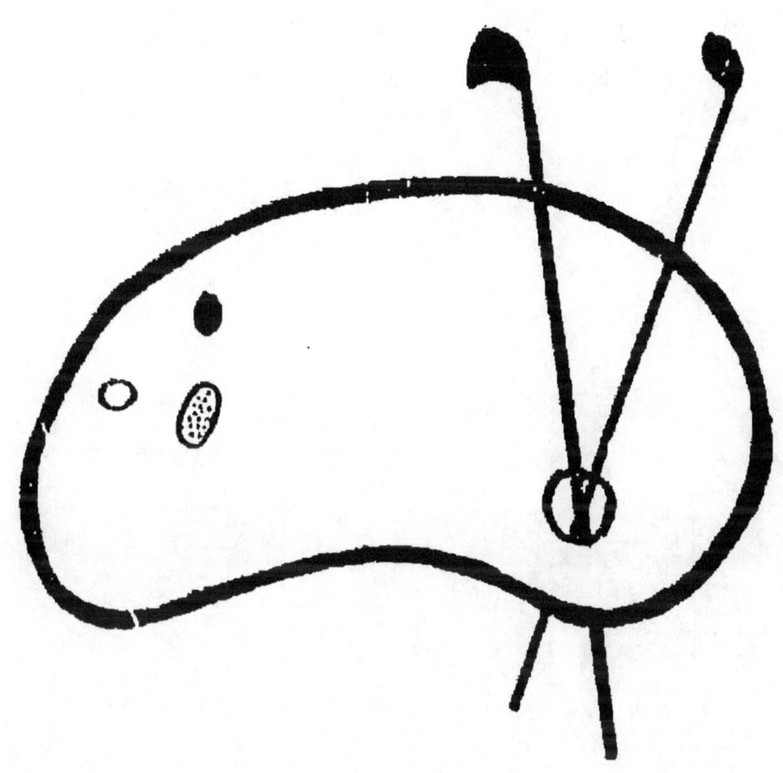

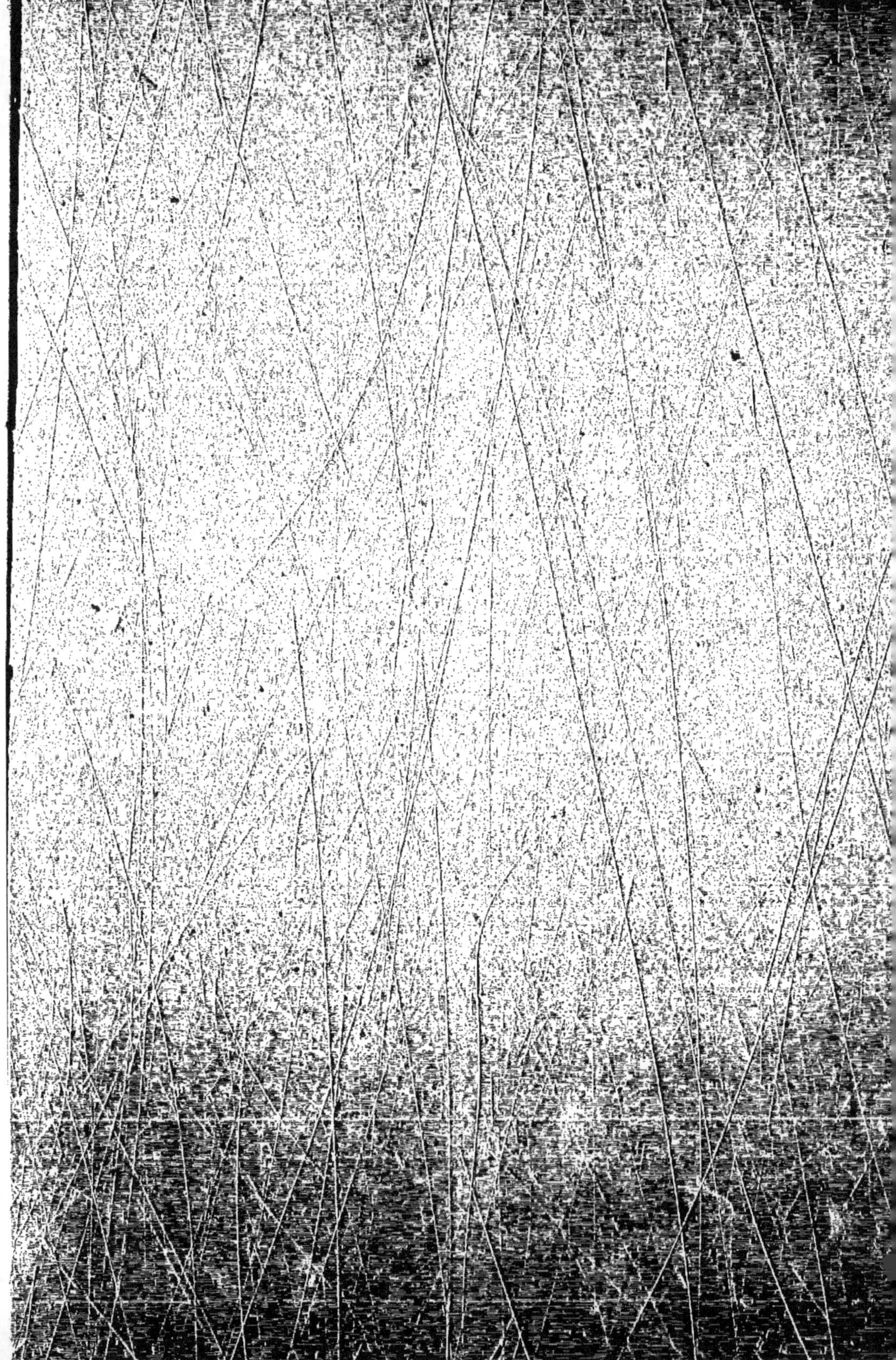